SOLFÉGE

DE

RODOLPHE

NOUVELLE ÉDITION

Dans laquelle les Leçons en clefs de *SOL*, d'*UT*

et de *FA*, trop hautes, ont été baissées

PARIS

ÉMILE GALLET, Éditeur

Successeur de COLOMBIER

6, Rue Vivienne et Galerie Vivienne de 62 a 72

COMMISSION-EXPORTATION

E. G. 5. 870

1900

SOLFÉGE DE RODOLPHE

PREMIÈRE PARTIE

PRINCIPES ÉLÉMENTAIRES DE MUSIQUE.

ARTICLE I [a].

De la position de la Clef [b].

DEMANDE. Où pose-t-on la clef de SOL?
RÉPONSE. Sur la seconde ligne.

ARTICLE II.

Du nombre de Notes qui servent à écrire la musique.

D. Combien y a-t-il de NOTES dans la musique?
R. Sept.

D. Comment les nomme-t-on?
R. UT [c]. RÉ, MI, FA, SOL, LA, SI.

D. Combien ces sept notes font-elles de tons?

R. Cinq tons et deux demi-tons diatoniques lorsqu'on y joint l'octave, qui est la répétition du premier son.

D. Sur quels degrés se trouvent les deux demi-tons dans le mode majeur?

R. Du troisième au quatrième degré et du septième au huitième degré [d].

D. Sur quels degrés se trouvent les deux demi-tons dans le mode mineur?

R. Du deuxième au troisième degré et du septième au huitième degré.

Figures et positions des Clefs.

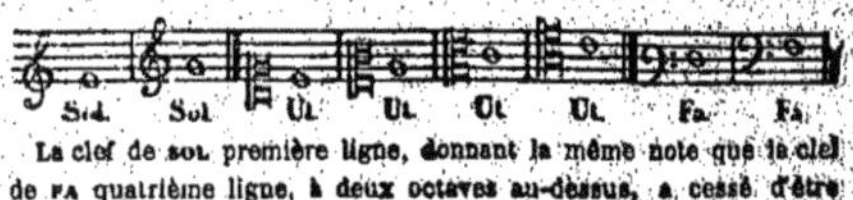

La clef de SOL première ligne, donnant la même note que la clef de FA quatrième ligne, à deux octaves au-dessus, a cessé d'être en usage.

Rodolphe, en faisant les leçons sur des clefs d'UT et sur la clef de FA, a eu le dessein, non de fatiguer inutilement les écoliers par une nouvelle étude, mais seulement de leur faciliter les moyens de les apprendre sans beaucoup de difficultés et en peu de temps: c'est pourquoi il a choisi de préférence le genre des petits airs comme moins ennuyeux et non moins utile pour ce genre d'étude.

(4) Il y a deux sortes de degrés : le degré conjoint ou diatonique et le degré disjoint.

Le degré conjoint est le plus petit de tous les intervalles : il n'embrasse qu'un intervalle de seconde : ainsi UT RÉ et RÉ MI sont des degrés conjoints, vu qu'il n'y a qu'un intervalle de seconde d'UT à RÉ comme de RÉ à MI.

Marche diatonique signifie la même chose que marche par degrés conjoints.

La gamme, soit en montant, soit en descendant, se nomme gamme diatonique ou gamme par degrés conjoints.

Le degré disjoint est celui qui embrasse un plus grand intervalle que celui de seconde; ainsi UT MI, UT FA, UT SOL, UT LA, UT SI, sont autant de degrés disjoints, vu que le plus petit de ces intervalles excède l'intervalle de seconde.

---

(1) Il sera nécessaire de faire apprendre aux élèves les cinq premiers articles des principes, qui leur donneront les connaissances primitives, et qu'il est indispensable de savoir avant de solfier.

Le premier de ces articles donne la connaissance de la clef, et le second celle du nombre des notes, des tons et des demi-tons qui se trouvent entre elles. Le troisième article traite de la valeur des notes, le quatrième de celle du point et le cinquième de la valeur des silences. Quant aux autres articles, les maîtres, pour ne pas surcharger la mémoire des écoliers, auront l'attention de ne les leur faire apprendre qu'autant qu'ils seront assez avancés pour les bien concevoir et ne rien confondre.

(2) Lorsque l'élève en sera venu à solfier les clefs autres que la clef de SOL, on lui fera connaître les principes suivants, qui ont été omis par Rodolphe.

Il y en musique huit espèces de clefs sous trois formes différentes :

Deux clefs de SOL qui se posent sur la 1ʳᵉ et sur la 2ᵉ ligne.

Quatre clefs d'UT qui se posent sur la 1ʳᵉ, 2ᵉ, 3ᵉ et 4ᵉ ligne.

Et deux clefs de FA qui se posent sur la 3ᵉ et la 4ᵉ ligne.

La note placée sur la ligne de la clef prend le nom de cette clef.

(3) L'UT se nomme également ne; on ne lui donne cette dénomination qu'en solfiant.

ARTICLE III.

De la valeur des Notes.

DEMANDES.	RÉPONSES.	FIGURES.
Combien la RONDE vaut-elle		
— de blanches?....	Deux.....	
— de noires?.....	Quatre.....	
— de croches?....	Huit.....	
— de doubles croches?.	Seize.....	
— de triples croches?	Trente-deux..	
— de quadruples croches?	Soixante-quatre.	
Combien la BLANCHE vaut-elle		
— de noires?.....	Deux......	
— de croches?....	Quatre.....	
— de doubles croches?.	Huit......	
— de triples croches?	Seize.....	
— de quadruples croches?	Trente-deux...	
Combien la NOIRE vaut-elle		
— de croches?....	Deux.....	
— de doubles croches?.	Quatre.....	
— de triples croches?	Huit......	
— de quadruples croches?	Seize......	
Combien la CROCHE vaut-elle		
— de doubles croches?.	Deux......	
— de triples croches?	Quatre.....	
— de quadruples croches?	Huit......	
Combien la DOUBLE CROCHE vaut-elle		
— de triples croches?.	Deux......	
— de quadruples croches?	Quatre.....	
Combien la TRIPLE CROCHE vaut-elle		
— de quadruples croches?	Deux......	

ARTICLE IV.

De la valeur du Point après la note.

D. Que fait le point après une note quelconque?

R. Il augmente la note de la moitié de sa valeur.

D. Combien vaut une ronde avec un point?

R. Trois blanches.

D. Une blanche avec un point?

R. Trois noires.

D. Une noire avec un point?

R. Trois croches.

D. Une croche avec un point?

R. Trois doubles croches.

D. Une double croche avec un point?

R. Trois triples croches.

D. Une triple croche avec un point?

R. Trois quadruples croches.

Un second point augmente encore la note de la moitié de la valeur du premier point.

EXEMPLE :

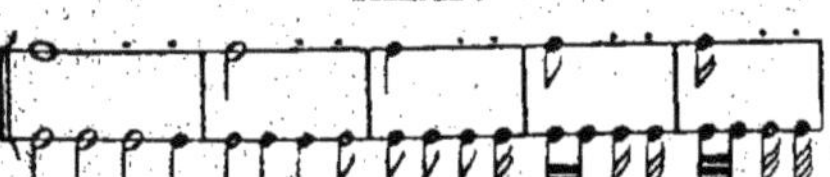

Le point et le second point se placent aussi après les silences avec les mêmes conditions de valeur que pour les notes.

Il y a des groupes de trois et six notes; désignés par un 3 ou par un 6, qu'on appelle *triolets* et *sixains*, les *triolets* prennent la valeur de deux notes et les *sixains* la valeur de quatre [1].

EXEMPLE.

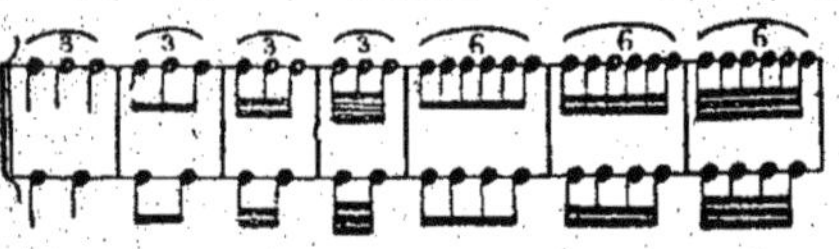

---

[1] Ce n'est pas sans difficulté que l'on parvient à exécuter les triolets. Lorsque l'on commence à s'y exercer, il faut rester un peu sur la première note et précipiter les deux dernières, de manière à faire presque une croche, et deux doubles croches si le triolet est de trois croches.

Quelquefois on rencontre dans les fioritures ou dans la musique de piano des notes de même valeur en nombre impair; il devient impossible alors de les diviser en parties parfaitement égales; il faut s'appliquer à les exécuter dans le temps de la valeur qu'elles occupent.

ARTICLE V.

Du nom et de la valeur des Silences.

DEMANDES.	RÉPONSES.	FIGURES.
Comment marque-t-on le silence d'une ronde?	Par une pause.	
	(La pause se place sous la ligne.)	
D'une blanche?	Par une demi-pause.	
	(La demi-pause se place sur la ligne).	
D'une noire?	Par un soupir.	
D'une croche?	Par un demi-soupir.	
D'une double croche?	Par un quart de soupir.	
D'une triple croche?	Par un huitième ou demi-quart de soupir.	
D'une quadruple croche?	Par un seizième de soupir.	
De deux mesures?	Par un seul signe, que l'on nomme bâton de deux pauses.	
De quatre mesures?	Par un seul signe, que l'on nomme bâton de quatre pauses.	

La pause sert aussi de silence pour toute espèce de mesure.

Assez généralement on indique par un chiffre au-dessus du signe le nombre des mesures qu'il faut compter en en silence, et, quand on a un nombre qui excède celui de quatre, on le marque avec les signes désignés ci-dessous, répétés autant de fois qu'il est nécessaire pour former le nombre que l'on désire.

Ces sortes de divisions sont toujours en plus et jamais en moins de la division exacte du temps.

Les cinq croches de l'exemple 1 s'exécuteront dans la durée d'une blanche ou de quatre croches, et les onze doubles croches de l'exemple 2 dans la durée d'une blanche ou de huit doubles croches.

ARTICLE VI.

Des Signes de mesure.

D. Combien y a-t-il de mesures usitées?

R. Trois : la mesure à QUATRE TEMPS, la mesure à DEUX TEMPS et la mesure à TROIS TEMPS.

D. Comment se marque la mesure à quatre temps?

R. Par un C

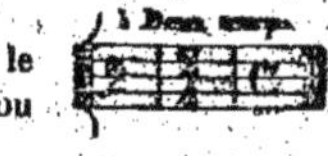

D. Comment se marque la mesure à deux temps?

R. Par le chiffre 2, ou par le chiffre 2 avec un 4 dessous ou par un C barré

D. Comment se marque la mesure à trois temps?

R. Par le chiffre 3, ou par le chiffre 3 avec un 4 dessous.

Battre la mesure, c'est indiquer par des mouvements de bras la division des temps qui la composent.

A deux temps.	A trois temps.
Le 1er temps est frappé et le 2e levé.	Le 1er est frappé, le 2e marqué à droite, le 3e levé.

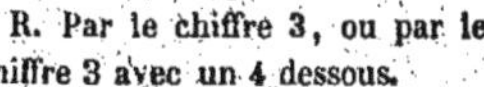

A quatre temps.

Le 1er est frappé, le 2e marqué à gauche, le 3e à droite et le 4e levé.

ARTICLE VII.

Des Signes des mesures composées, dérivées des mesures simples.

D. Combien y a-t-il de mesures composées?

R. Trois : la mesure à DOUZE-HUIT, la mesure à SIX-HUIT, et la mesure à TROIS-HUIT.

D. Comment se marque la mesure à douze-huit?

R. Par le chiffre 12 avec un 8 dessous.

D. Comment se marque la mesure à six-huit?

R. Par le chiffre 6 avec un 8 dessous.

D. Comment se marque la mesure à trois-huit?

R. Par le chiffre 3 avec un 8 dessous.

Règle. — Lorsque la mesure est indiquée par deux nombres placés l'un sur l'autre, si ces nombres sont pairs tous deux, la mesure se bat à 2 temps; s'il y en a un d'impair, la mesure se bat à 3 temps.

Comme seule exception, la mesure $\frac{12}{8}$ se bat à 4 temps.

Autre règle. — Dans le même cas de deux nombres placés l'un sur l'autre pour marquer la mesure, le nombre inférieur indique quelles sont les valeurs de la ronde dont se compose la mesure, et le nombre supérieur en quelle quantité elles y entrent.

Ainsi dans la mesure $\frac{2}{4}$ le chiffre supérieur signifie que la mesure est formée de deux fois la valeur du nombre inférieur, qui lui-même indique que ces valeurs sont des quarts de ronde; le quart de la ronde étant la noire, $\frac{2}{4}$ signifie que la mesure se compose de deux noires.

De même $\frac{3}{4}$ indique une mesure qui se compose de trois quarts de ronde ou trois noires.

ARTICLE VIII.

De la figure et de l'effet du Dièse, du Bémol et du Bécarre.

Le DIÈSE se marque ainsi : ♯

Le BÉMOL se marque ainsi : ♭

Le BÉCARRE se marque ainsi : ♮

D. Dans quel mode sont les notes naturelles?

R. Dans le ton d'UT naturel?

D. Que fait le dièse devant une note naturelle?

R. Il hausse la note d'un demi-ton chromatique.

D. Que fait le bémol devant une note naturelle?

R. Il baisse la note d'un demi-ton chromatique.

D. Comment faut-il que la note soit pour pouvoir mettre un dièse ou un bémol devant?

R. Il faut que la note soit naturelle.

D. Que fait le bécarre devant une note?

R. Il remet la note dans son ton naturel.

D. Comment faut-il que la note soit pour pouvoir mettre un bécarre devant ?

R. Il faut que la note soit diésée ou bémolisée [1].

EXEMPLE :

Note naturelle.	La même note haussée d'un demi-ton, par le moyen du dièse.	La note diésée ramenée d'un demi-ton par le moyen du bécarre.
Note naturelle.	La même note diésée	La même note remise dans son ton naturel
Note naturelle.	La même note baissée d'un demi-ton par le moyen du bémol.	La note bémolisée haussée d'un demi-ton par le moyen du bécarre.
Note naturelle.	La même note bémolisée	La même note remise dans son ton naturel

ARTICLE IX.

De la position des Dièses et des Bémols.

D. Comment se posent les dièses ?

R. De quinte en quinte en montant [2].

DEMANDES.	RÉPONSES.
Où se pose le premier dièse ?. . . .	Sur le FA.
— le second ?.	Sur l'UT.
— le troisième ?.	Sur le SOL.
— le quatrième ?.	Sur le RÉ.
— le cinquième ?.	Sur le LA.
— le sixième ?.	Sur le MI.
— le septième ?.	Sur le SI.
— le huitième ?.	Sur le FA [3].

EXEMPLE :

D. Comment se posent les bémols ?

R. De quinte en quinte en descendant.

DEMANDES.	RÉPONSES.
Où se pose le premier bémol ?. . .	Sur le SI.
— le second ?.	Sur le MI.
— le troisième ?.	Sur le LA.
— le quatrième ?.	Sur le RÉ.
— le cinquième ?.	Sur le SOL.
— le sixième ?.	Sur l'UT.
— le septième ?.	Sur le FA.
— le huitième ?.	Sur le SI [4].

EXEMPLE :

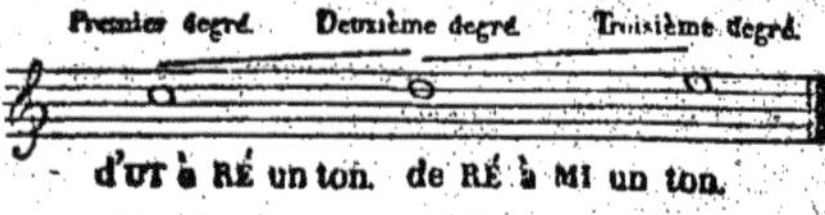

ARTICLE X.

De la distinction du Mode majeur et du Mode mineur.

D. Combien y a-t-il de modes [5] ?

R. Deux, le mode majeur et le mode mineur.

D. Quel est le modèle des tons majeurs ?

R. C'est le ton d'UT naturel.

D. Quel est le modèle des tons mineurs ?

R. C'est le ton de LA naturel.

D. Qu'entendez-vous par ton naturel ?

R. C'est lorsqu'il n'y a ni dièses ni bémols à la clef.

MODE MAJEUR.

D. Où connait-on lorsqu'un mode est majeur ?

R. Quand il y a deux tons du premier au troisième degré.

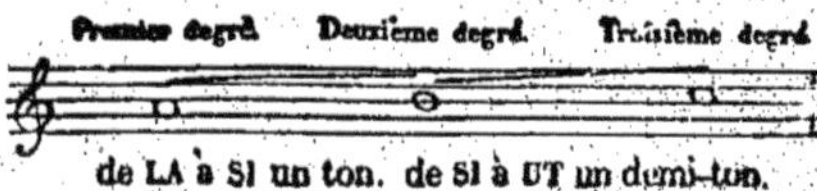

d'UT à RÉ un ton. de RÉ à MI un ton.

MODE MINEUR.

D. Où connait-on lorsqu'un mode est mineur ?

R. Quand il n'y a qu'un ton et un demi-ton du premier au troisième degré.

de LA à SI un ton. de SI à UT un demi-ton.

---

(1) On nomme Accident tout dièse ou tout bémol qui n'est pas placé à la clef. Le bécarre, qui, dans le cours d'un morceau, affecte une note diésée ou bémolisée à la clef, est également un Accident.

Tout Accident placé devant une note n'a d'effet que pendant la durée de la mesure dans laquelle il est entré ; à la mesure suivante, les notes sont rétablies dans leur état primitif.

(2) Une Quinte est l'espace de cinq degrés.

(3) Le huitième dièse est double et se nomme double dièse.

(4) Le huitième bémol est double et se nomme double bémol.

(5) Mode signifie l'union des trois sons principaux qui forment entre eux l'accord le plus parfait et qui font la base de la constitution de toute musique.

Les trois sons principaux qui constituent le mode sont : la Tonique ou premier degré, la Tierce ou troisième degré, et la Dominante ou cinquième degré.

Le mode a deux genres, ou plutôt il y a deux genres de modes, le mode majeur et le mode mineur.

C'est toujours la tierce majeure qui caractérise le mode majeur, et la tierce mineure qui caractérise le mode mineur.

Voici la nomenclature complète des degrés ou notes de la gamme dans tous les tons : la première note se nomme Tonique, la deuxième, Sus-Tonique, la troisième, Médiante, la quatrième, Sous-Dominante, la cinquième, Dominante, la sixième, Sus-Dominante, la septième, Sensible et la huitième, Octave ou Tonique.

ARTICLE XI.

Du nombre de Dièses qu'il faut à chaque ton majeur, avec son ton.

D. Dans quel ton est un morceau lorsqu'il n'y a ni dièses ni bémols à la clef?

R. En UT majeur ou en LA mineur. (Voyez ex: 1.)

D. Dans quel ton est-on avec un dièse à la clef?

R. En SOL majeur ou en MI mineur. (V. Ex: 2.)

D. Et avec deux dièses?

R. En RÉ majeur ou en SI mineur. (V. Ex: 3.)

D. Et avec trois dièses?

R. En LA majeur ou en FA ♯ mineur. (V. Ex: 4.)

D. Et avec quatre dièses?

R. En MI majeur ou en UT ♯ mineur. (V. Ex: 5.)

D. Et avec cinq dièses?

R. En SI majeur ou en SOL ♯ mineur. (V. Ex: 6.)

D. Et avec six dièses?

R. En FA ♯ majeur ou en RÉ ♯ mineur. (V. Ex: 7.)

D. Et avec sept dièses?

R. En UT ♯ majeur ou en LA ♯ mineur. (V. Ex: 8.)

EXEMPLES.

ARTICLE XII.

Du nombre de Bémols qu'il faut à chaque ton majeur, avec son ton relatif.

D. Dans quel ton est un morceau avec un bémol à la clef?

R. En FA majeur ou en RÉ mineur. (Voyez ex: 1.)

D. Et avec deux bémols?

R. En SI ♭ majeur ou en SOL mineur. (V. Ex: 2.)

D. Et avec trois bémols?

R. En MI ♭ majeur ou en UT mineur. (V. Ex: 3.)

D. Et avec quatre bémols?

R. En LA ♭ majeur ou en FA mineur. (V. Ex: 4.)

D. Et avec cinq bémols?

R. En RÉ ♭ majeur ou en SI ♭ mineur. (V. Ex: 5.)

D. Et avec six bémols?

R. En SOL ♭ majeur ou en MI ♭ mineur. (V. Ex: 6.)

D. Et avec sept bémols?

R. En UT ♭ majeur ou en LA ♭ mineur. (V. Ex: 7.)

EXEMPLES.

(1) Un ton est relatif d'un autre ton, lorsqu'il est désigné à la clef par la même quantité de dièses ou de bémols; ainsi le ton de mi mineur est relatif de sol majeur, vu qu'ils sont tous deux désignés à la clef par le même signe; il en est de même des autres tons. (Voyez les exemples ci-dessus.)

(2) Les deux derniers tons sont rarement usités.

(3) Les deux derniers tons sont rarement usités.

ARTICLE XIII.

Moyen de connaître la Tonique dans les Modes majeurs et mineurs avec des dièses.

D. Dans les modes majeurs avec des dièses, où se pose la tonique?

R. Un degré d'un demi-ton diatonique au-dessus du dernier dièse posé à la clef.

D. Dans les modes mineurs avec des dièses, où se pose la tonique?

R. Un degré d'un ton au-dessous du dernier dièse posé à la clef.

TABLEAU DE TOUS LES MODES MAJEURS ET MINEURS AVEC DES DIÈSES.

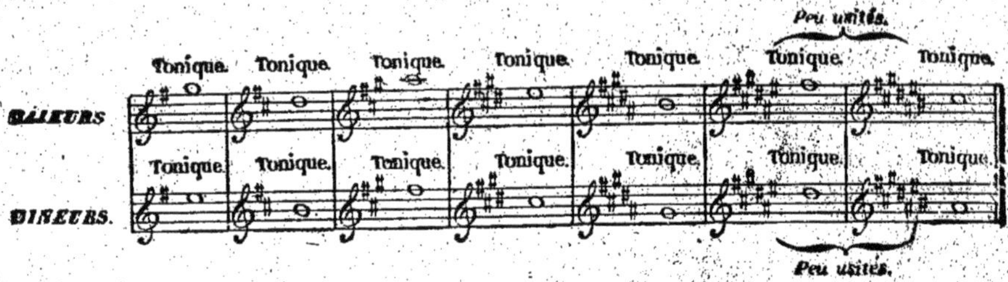

Remarquez que chaque tonique est toujours posée un degré au-dessus du dernier dièse dans les modes majeurs, et un degré au-dessous du dernier dièse dans les modes mineurs avec dièses.

ARTICLE XIV

Moyen de connaître la Tonique dans les Modes majeurs et mineurs avec des bémols.

D. Dans les modes majeurs avec des bémols, où se pose la tonique?

R. Quatre degrés au-dessous du dernier bémol posé à la clef (1).

D. Dans les modes mineurs avec des bémols, où se pose la tonique?

R. Six degrés au-dessous du dernier bémol posé à la clef.

TABLEAU DE TOUS LES MODES MAJEURS ET MINEURS AVEC DES BÉMOLS.

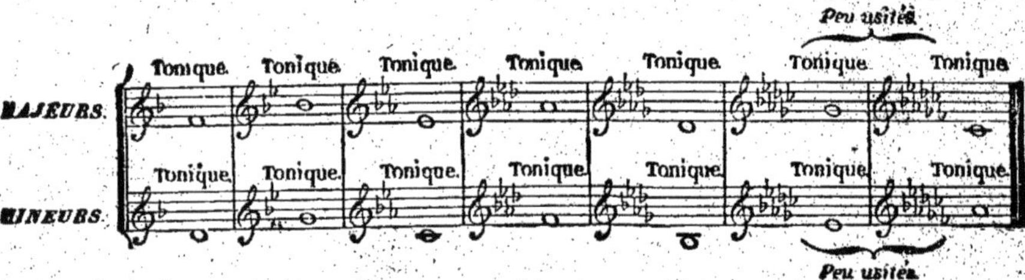

Remarquez que chaque tonique est toujours posée quatre degrés au-dessous du dernier bémol dans les modes majeurs, et six degrés au-dessous du dernier bémol dans les modes mineurs avec des bémols.

---

(1) Dans les mêmes modes avec plusieurs bémols, l'avant-dernier bémol indique la position de la tonique; quand il n'y a qu'un seul bémol, il faut savoir que la tonique est FA.

ARTICLE XV.

Pour se familiariser avec les Degrés de toutes les gammes.

D. Combien y a-t-il de notes dans la gamme ?
R. Huit.
D. Combien ces huit notes font-elles de degrés ?
R. Huit.

D. Quel est le premier degré d'un mode quelconque ?
R. La tonique.

Gamme du ton d'UT, servant de règle pour tous les tons.

DEMANDES.	RÉPONSES.
Dans le ton d'UT, quel est le premier degré ?	C'est l'UT ou tonique.
Quel est le second degré ?	C'est le RÉ ou sus-tonique.
— le troisième ?	Le MI ou médiante.
— le quatrième ?	Le FA ou sous-dominante
— le cinquième ?	Le SOL ou dominante.
— le sixième ?	Le LA ou sous-dominante

DEMANDES.	RÉPONSES.
Quel est le septième ?	Le SI ou sensible.
— le huitième ?	L'UT ou l'octave.

D. Est-il nécessaire de nommer l'octave huitième degré ?

R. Il est indifférent de nommer l'octave huitième ou premier degré, vu que l'octave n'est que la répétition du premier degré, que l'on nomme tonique.

EXEMPLES.

Gamme du ton d'UT.

Gamme du ton de SOL.

Le même ordre subsiste dans toutes les autres gammes.

ARTICLE XVI.

Des deux genres de Demi-Tons et de la manière de les distinguer.

D. Combien y a-t-il de sortes de demi-tons ?
R. Deux ; le demi-ton diatonique et le demi-ton chromatique (1).

D. Comment connaît-on le demi-ton diatonique ?
R. C'est lorsque deux notes sont placées l'une sur la ligne, l'autre dans l'intervalle le plus prochain.

EXEMPLES DE DEMI-TONS DIATONIQUES.

D. Comment connaît-on le demi-ton chromatique (2) ?
R. C'est lorsque deux notes sont sur la même ligne ou sur le même intervalle par le moyen du dièse ou du bémol

EXEMPLES DE DEMI-TONS CHROMATIQUES.

---

(1) Le demi-ton diatonique se fait par l'emploi de deux notes, soit en montant, soit en descendant par degrés conjoints, comme de SI à UT, de UT à SI bémol, de FA dièze à SOL naturel ou de SI bémol à LA naturel. (Voyez les exemples de demi-tons diatoniques ci-dessus.)

(2) Le demi-ton chromatique s'opère en faisant passer la même note successivement du naturel au dièse, du dièse au naturel, du bémol au naturel, du naturel au bémol. (Voyez les exemples de demi-tons chromatiques ci-dessus.)

ARTICLE XVII.

Intervalles des Notes dans l'ordre naturel.

DEMANDES.	RÉPONSES.		DEMANDES.	RÉPONSES.
Comment nomme-t-on deux notes sur le même degré, je suppose UT et UT ?	Unisson.		Comment nomme-t-on la distance	
Comment nomme-t-on la distance			d'UT à SOL ?	Quinte.
d'UT à RÉ ?	Seconde.	—	d'UT à LA ?	Sixte.
d'UT à MI ?	Tierce.	—	d'UT à SI ?	Septième.
d'UT à FA ?	Quarte.	—	d'UT à UT ?	Octave.

EXEMPLES.

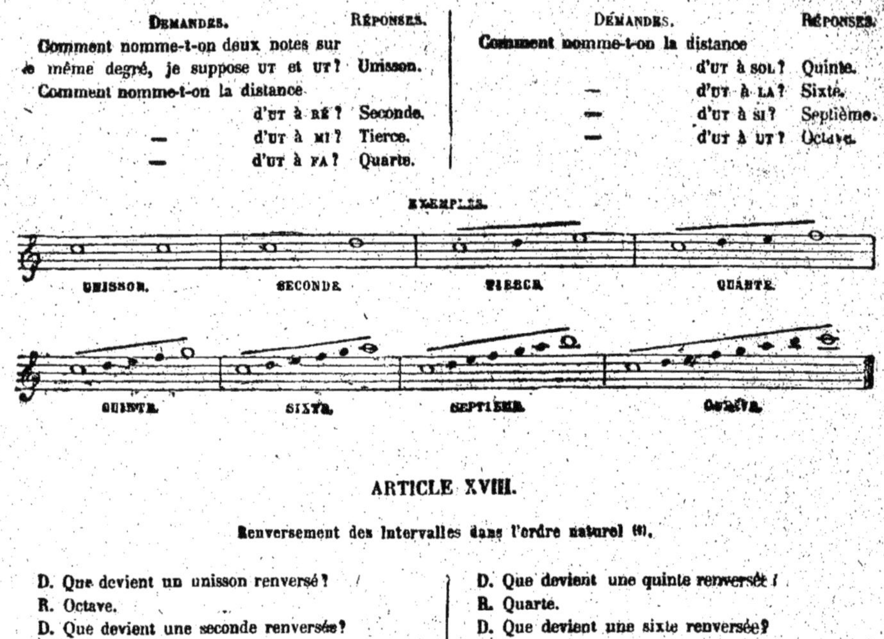

ARTICLE XVIII.

Renversement des Intervalles dans l'ordre naturel (1).

D. Que devient un unisson renversé ?
R. Octave.
D. Que devient une seconde renversée ?
R. Septième.
D. Que devient une tierce renversée ?
R. Sixte.
D. Que devient une quarte renversée ?
R. Quinte.

D. Que devient une quinte renversée ?
R. Quarte.
D. Que devient une sixte renversée ?
R. Tierce.
D. Que devient une septième renversée ?
R. Seconde.
Q. Que devient une octave renversée ?
R. Unisson.

EXEMPLES.

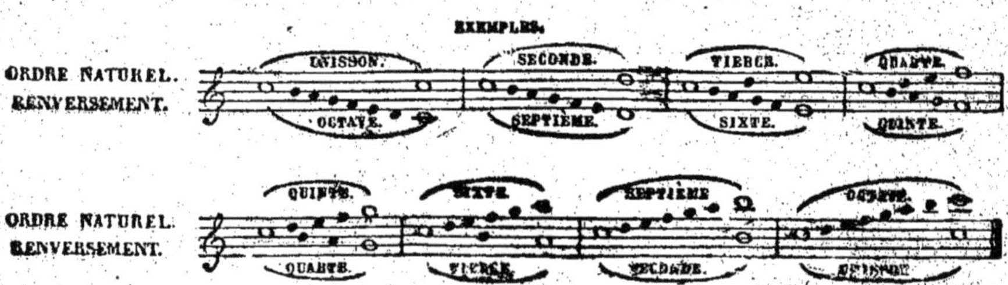

---

(1) On trouvera aisément le renversement d'un intervalle donné en se rappelant que les nombres qui distinguent un intervalle de son renversement, étant réunis, doivent former le nombre neuf. — Ainsi l'unisson (marqué par le nombre 1) donne l'octave (marqué par le nombre 8) ; la seconde donne la septième, la tierce donne la sixte, la quarte donne la quarte, la sixte donne la tierce, la septième donne la seconde, de l'addition de chacun de ces nombres résulte le nombre neuf.

ARTICLE XIX.

Composition des intervalles [1].

D. De quoi est composée
une seconde mineure?   R. D'un demi-ton.

D. Une seconde majeure?   R. D'un ton.

D. Une seconde augmentée?   R. D'un ton et d'un
demi-ton.

EXEMPLE.

D. De quoi est composée
une tierce diminuée?   R. De deux demi-tons.

D. Une tierce mineure?   R. D'un ton et d'un demi-
ton.

D. Une tierce majeure?   R. De deux tons.

EXEMPLE.

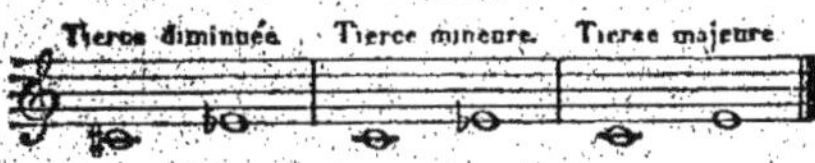

D. De quoi est composée
une quarte diminuée?   R. D'un ton et deux
demi-tons.

D. Une quarte juste?   R. De deux tons et un
demi-ton.

D. Une quarte augmentée?   R. De trois tons.

EXEMPLE.

D. De quoi est composée
une quinte diminuée?   R. De deux tons et deux
demi-tons.

D. Une quinte juste?   R. De trois tons et un
demi-ton.

D. Une quinte augmentée?   R. De trois tons et deux
demi-tons.

EXEMPLE.

D. De quoi est composée
une sixte mineure?   R. De trois tons et deux
demi-tons.

D. Une sixte majeure?   R. De quatre tons et un
demi-ton.

D. Une sixte augmentée?   R. De quatre tons et deux
demi-tons.

EXEMPLE.

D. De quoi est composée
une septième dimi-
nuée?   R. De trois tons et trois
demi-tons.

D. Une septième mineure?   R. De quatre tons et deux
demi-tons.

D. Une septième majeure?   R. De cinq tons et d'un
demi-ton.

D. De quoi est composée
l'octave?   R. De cinq tons et deux
demi-tons [2].

[1] Tous les intervalles naturels de la gamme sont majeurs, à l'exception de la quarte et de la quinte, qui sont justes ou inaltérés; tous les intervalles dits majeurs, lorsqu'ils sont haussés d'un demi-ton, se nomment augmentés; lorsqu'ils sont baissés d'un demi-ton, ils sont mineurs; pour qu'ils soient diminués, il faut qu'ils soient baissés de deux demi-tons.

Ceux qui sont justes ou inaltérés, la quarte et la quinte, sont augmentés avec un demi-ton au-dessus, et diminués avec un demi-ton au-dessous; ils ne peuvent être ni majeurs ni mineurs.

[2] Les élèves pouvant difficilement retenir la composition de tous les intervalles, il suffit qu'ils connaissent d'une manière perturbable les trois principaux : la tierce, la quinte et l'octave;

Chaque fois qu'on les interrogera sur la composition d'un autre intervalle, ils devront le comparer à celui des trois intervalles connus le plus rapproché; tierce, quinte et octave, la seconde et la quarte à la tierce, la sixte à la quinte, et la sep- tième à l'octave; ils n'auront qu'à ajouter ou retrancher l'intervalle complémentaire.

EXEMPLES.

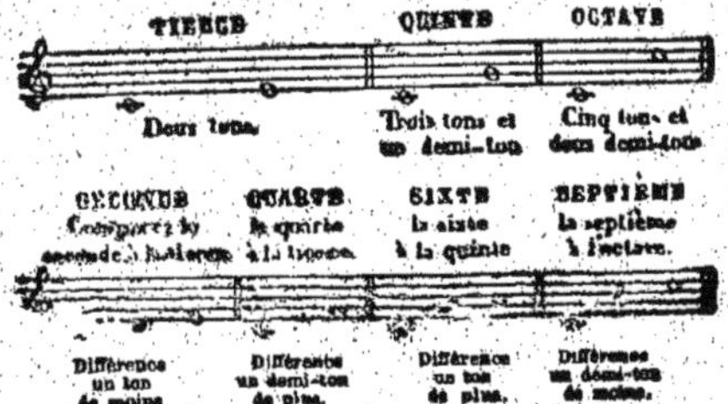

Du Renversement des intervalles du mineur au majeur et de l'augmenté au diminué.

D. Que devient une seconde mineure renversée ?...... R. Une septième majeure.
D. — une seconde majeure renversée ?...... R. Une septième mineure.
D. — une seconde augmentée renversée ?...... R. Une septième diminuée.

EXEMPLE.

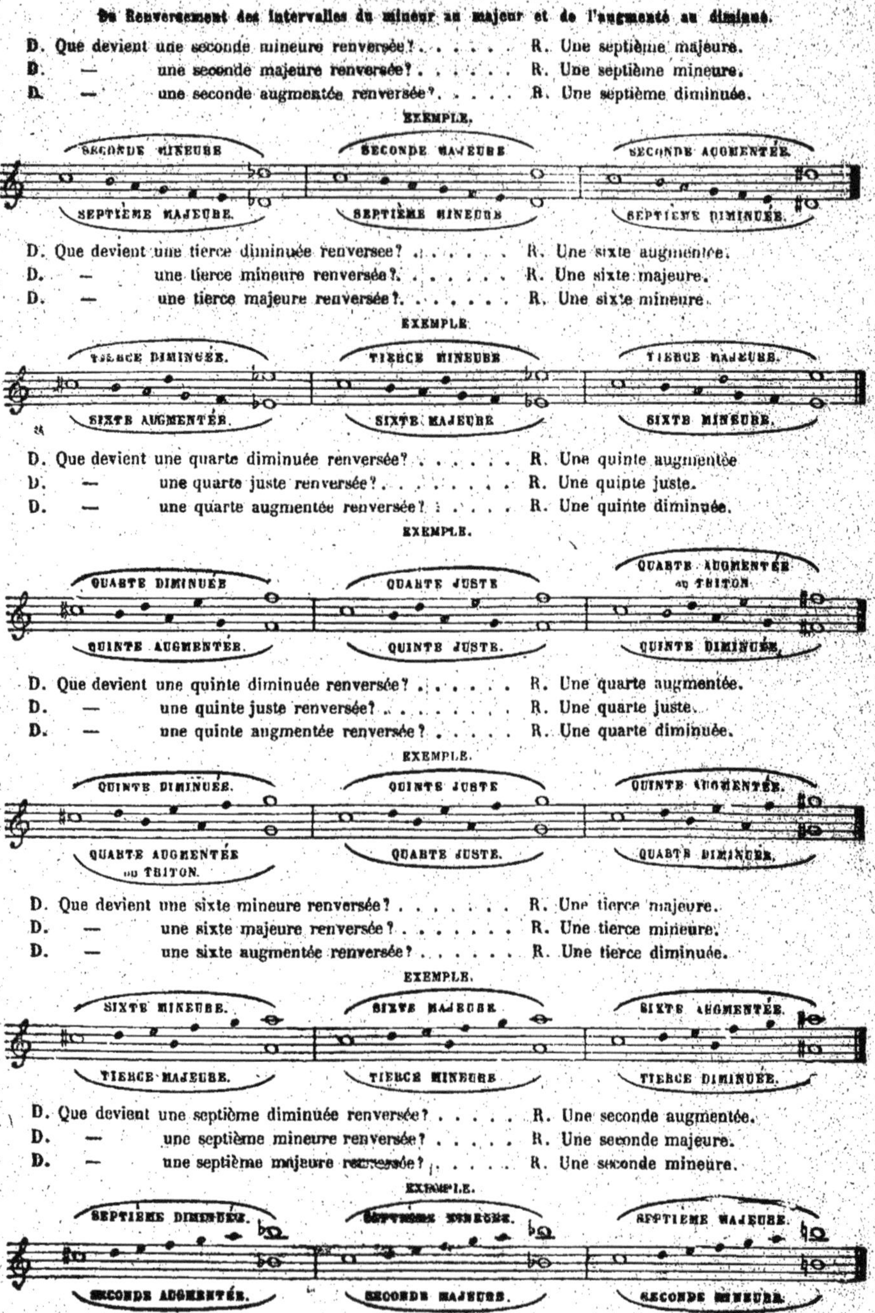

D. Que devient une tierce diminuée renversée ?...... R. Une sixte augmentée.
D. — une tierce mineure renversée ?...... R. Une sixte majeure.
D. — une tierce majeure renversée ?...... R. Une sixte mineure.

EXEMPLE.

D. Que devient une quarte diminuée renversée ?...... R. Une quinte augmentée.
D. — une quarte juste renversée ?...... R. Une quinte juste.
D. — une quarte augmentée renversée ?...... R. Une quinte diminuée.

EXEMPLE.

D. Que devient une quinte diminuée renversée ?...... R. Une quarte augmentée.
D. — une quinte juste renversée ?...... R. Une quarte juste.
D. — une quinte augmentée renversée ?...... R. Une quarte diminuée.

EXEMPLE.

D. Que devient une sixte mineure renversée ?...... R. Une tierce majeure.
D. — une sixte majeure renversée ?...... R. Une tierce mineure.
D. — une sixte augmentée renversée ?...... R. Une tierce diminuée.

EXEMPLE.

D. Que devient une septième diminuée renversée ?...... R. Une seconde augmentée.
D. — une septième mineure renversée ?...... R. Une seconde majeure.
D. — une septième majeure renversée ?...... R. Une seconde mineure.

EXEMPLE.

ARTICLE XXI.

Ce qu'il faut faire pour passer d'un ton mineur à son majeur, et d'un ton majeur à son mineur,
par le moyen de trois dièses.

D. Dans quel mode est le ton de LA naturel lorsqu'il n'y a ni dièses ni bémols à la clef ?

R. Dans le mode mineur.

D. Que faut-il faire pour passer de LA mineur à son majeur ?

R. Ajouter trois dièses à la clef.

EXEMPLE.

Tons-mineurs avec des dièses rendus majeurs.

D. Que faut-il faire (règle générale) dans tous les tons mineurs avec des dièses pour les rendre majeurs ?

R. Toujours ajouter trois dièses au nombre qui se trouve à la clef.

EXEMPLE.

Tons majeurs avec des dièses rendus mineurs.

D. Que faut-il faire dans tous les tons majeurs avec des dièses pour les rendre mineurs ?

R. Toujours retrancher trois dièses à la clef.

EXEMPLE.

D. Comment retrancher trois dièses de la clef dans le ton RÉ majeur qui n'en a que deux ?

R. Il faut retrancher les deux dièses qui sont à la clef, et substituer un bémol en leur place.

EXEMPLE.

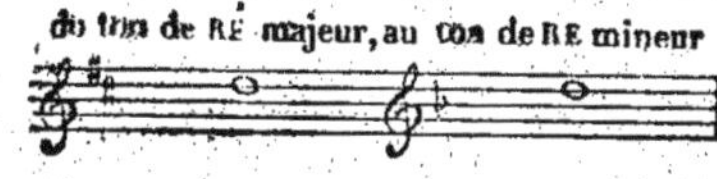

D. Comment retrancher trois dièses de la clef dans le ton de SOL majeur qui n'en a qu'un ?

R. Il faut retrancher le dièse qui est à la clef, et substituer deux bémols en sa place.

EXEMPLE.

ARTICLE XXII.

Ce qu'il faut faire pour passer d'un ton majeur à son mineur, et d'un mineur à son majeur,
par le moyen de trois bémols.

D. Dans quel mode est le ton d'UT naturel?

R. Dans le mode majeur.

D. Que faut-il faire pour passer du ton d'UT majeur à son mineur ?

R. Il faut ajouter trois bémols à la clef.

EXEMPLE.

du ton d'UT majeur, au ton d'UT mineur

Tons majeurs avec des bémols rendus mineurs.

D. Que faut-il faire (règle générale) dans tous les tons majeurs avec des bémols pour les rendre mineurs?

R. Il faut toujours ajouter trois bémols au nombre qui se trouve à la clef.

EXEMPLES.

du Majeur au Mineur.   du Majeur au Mineur.

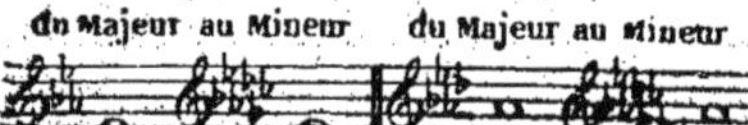

du Majeur au Mineur   du Majeur au mineur

Tons mineurs avec des bémols rendus majeurs.

D. Que faut-il faire dans tous les tons mineurs avec des bémols pour les rendre majeurs?

R. Il faut toujours retrancher trois bémols au nombre qui se trouve à la clef.

EXEMPLES.

du Mineur au Majeur   du Mineur au Majeur.

du Mineur au Majeur.   du Mineur au Majeur.

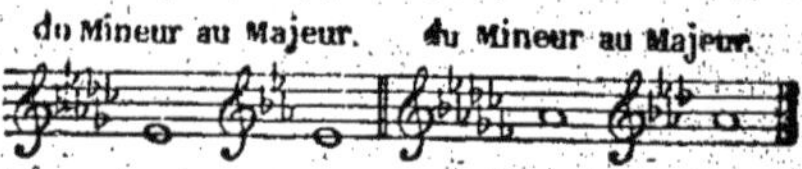

D. Comment retrancher de la clef trois bémols dans le ton de SOL mineur qui n'en a que deux ?

R. Il faut retrancher les deux bémols qui sont à la clef, et substituer un dièse en leur place.

EXEMPLE.

du ton de SOL mineur, au ton de SOL majeur

B. Comment retrancher de la clef trois bémols dans le ton de RÉ mineur qui n'en a qu'un?

R. Il faut retrancher le bémol qui est à la clef, et substituer deux dièses en sa place.

du ton de RÉ mineur, au ton de RÉ majeur.

ARTICLE XXIII.

Des caractères accidentels [1].

D. Combien y a-t-il de caractères qui puissent être accidentels ?

R. Trois : le dièse, le double dièse et le bécarre.

D. Qu'entendez-vous par caractères accidentels ?

R. Ce sont des caractères qui ne sont pas à la clef.

D. Dans quels modes ces caractères sont-ils accidentels ?

R. Dans tous les modes mineurs.

D. A quoi sert le dièse accidentel ?

R. A hausser le septième degré d'un demi-ton.

D. A quoi sert le double dièse accidentel ?

R. A hausser d'un demi-ton le septième degré qui est déjà diésé à la clef.

D. A quoi sert le bécarre accidentel ?

R. A hausser d'un demi-ton le septième degré qui est bémolisé à la clef.

D. Pourquoi hausse-t-on toujours le septième degré dans les modes mineurs ?

R. Pour le rendre note sensible.

EXEMPLE DU DIÈSE, DU DOUBLE DIÈSE ET DU BÉCARRE ACCIDENTELS PLACÉS EN TÊTE DE TOUS LES TONS MINEURS.

MODÈLE DES TONS MINEURS.

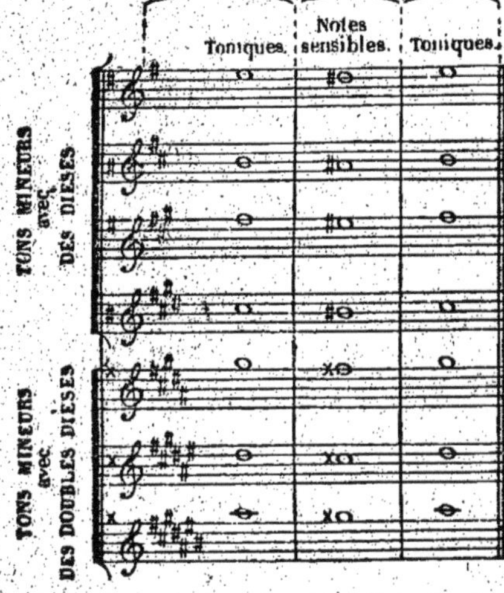

---

[1] Dans tous les tons mineurs avec des dièses, le dièse accidentel n'a lieu que lorsqu'il y a depuis un jusqu'à quatre dièses à la clef, sitôt qu'il y en a cinq, il faut avoir recours au double dièse pour hausser le septième degré qui se trouve déjà diésé à la clef. Dans les tons mineurs avec des bémols, il n'y a que deux tons dont la note sensible puisse être caractérisée au moyen du dièse accidentel. Sitôt qu'il y a trois bémols à la clef, il faut avoir recours au bécarre pour hausser le septième degré qui est bémolisé à la clef. (Voyez les exemples ci-dessus.)

Des agréments du Chant.

Le PORT DE VOIX, que l'on nomme aussi note de goût, d'agrément ou petite note, est désigné par une note plus petite que les autres. La petite ne se nomme point en solfiant ; on la fait seulement sentir en nommant la note avec laquelle elle est liée. On verra dans les exemples suivants l'emploi de la petite note sur tous les intervalles praticables.

Solf: Rodolphe.

Notes détachées.

Les notes détachées sec sont quelquefois désignées par des petits points ou des petites barres que l'on met au-dessus

Notes coulées, liées et syncopées.

Les notes coulées, liées ou syncopées sont désignées par ce signe

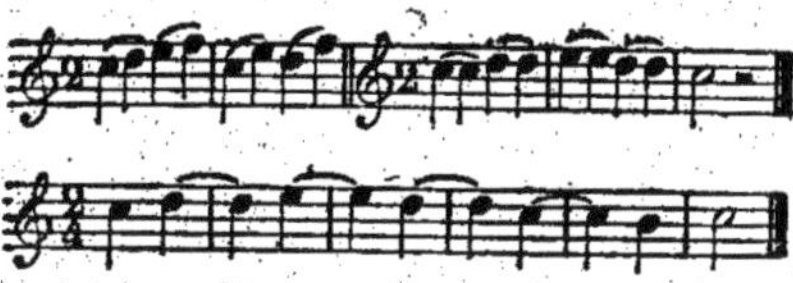

Reprises.

Les quatre signes marqués ci-après servent à séparer les reprises d'un morceau de musique.

Le premier signe, qui a des points à droite, marque qu'il faut dire deux fois la première reprise; le second, qui n'a pas de points, marque qu'il faut aller de suite; le troisième, qui a des points à droite, marque qu'il faut dire deux fois la seconde reprise.

Du renvoi.

Le RENVOI 𝄋 sert à ramener de la fin d'un morceau de musique au commencement. On met toujours deux renvois: le second ramène au premier.

Point d'orgue.

Le POINT D'ORGUE, que l'on nomme aussi FERMAT, ou POINT D'ARRÊT, est un repos que l'on fait plus ou moins long.

Pendant ce repos, la partie récitante (s'il y en a une) a quelquefois le loisir de faire différents passages à sa volonté. Dans d'autres cas, le point d'orgue est un repos général.

Signes d'intensité.

Le signe marqué ainsi ——◁ sert à indiquer qu'il faut augmenter les sons.

Le signe marqué ainsi ◁—— sert à indiquer qu'il faut diminuer les sons.

Et le signe marqué ainsi ——◇—— sert à indiquer qu'il faut augmenter le son jusqu'au milieu, et ensuite le diminuer.

Cadences.

La cadence (1) se fait par le moyen de deux notes que l'on fait entendre successivement, le battement de ces deux notes prend ordinairement son appui sur la pénultième note d'une phrase musicale.

Il y a deux sortes de cadences: l'une est la cadence pleine; elle consiste à ne commencer le battement de voix qu'après en avoir appuyé la note supérieure l'autre s'appelle cadence brisée, et l'on y fait le battement de voix sans aucune préparation.

Cadence préparée.

Cadence préparée avec un tour de gosier.

Cadence sans préparation.

Cadence sans préparation avec un tour de gosier.

Cadence brisée.

(1) C'est à tort que l'on se sert du mot cadence en ce cas il faut dire trille.

ARTICLE XXVI.

Liste des termes italiens pour l'indication des mouvements et des nuances.

DU MOUVEMENT.

D. Qu'est-ce que le mouvement en musique?

R. Le mouvement est le degré de lenteur ou de vitesse que l'on donne à la mesure, et dans lequel on exécute un morceau de musique.

Termes Italiens.	*Significations.*
Grave.	Grave, le plus lent de tous les mouvements.
Largo.	Large, sévère.
Lento.	Lent.
Larghetto.	Largement, moins sévère que largo.
Adagio.	Lentement, posément.
Sostenuto.	Soutenu, lentement en soutenant les sons.
Maestoso.	Majestueux.
Affettuoso.	Affectueux.
Cantabile.	Chanter avec goût, avec grâce.
Tempo di menuetto.	Temps de menuet.
Tempo di marcia.	Temps de marche.
Andante.	Allez, mouvement gracieux.
Andantino.	Un peu moins lent que l'andante.
Tempo giusto.	Temps juste, ni trop lent ni trop vite.
Grazioso	Gracieux.
Allegretto ou All^tto.	D'une vivacité modérée et gracieuse.
Allegro ou All^o.	Gai, vif.
Presto.	Vif, animé, rapide.
Prestissimo.	Très-vif, impétueux.

Termes ajoutés aux indications de mouvement.

Doloroso.	Douloureux.
Con espressione.	Avec expression.
Moderato.	Modéré.
Comodo.	Commode.
Non troppo.	Pas trop.
Quasi.	Presque.
Con brio.	Avec brillant.
Brioso.	Vif, agile.
Agitato.	Agité.
Scherzando.	Gai, léger, en badinant.
Mosso.	Animé.
Con moto.	Avec mouvement.
Molto.	Beaucoup.
Assai.	Idem.

DES NUANCES.

D. Qu'indiquent les nuances?

R. Les nuances indiquent le degré de force ou de faiblesse que l'on doit donner aux sons dans le cours d'un morceau.

Termes Italiens.	*Abréviations.*	*Significations.*
Piano.	*p*	Faible, doux.
Pianissimo.	*pp*	Très-faible, très-doux.
Dolce.	Dol.	Doux.
Forte.	*f*	Fort.
Fortissimo.	*ff*	Très-fort.
Mezzo forte.	m*fz*	Demi-fort.
Sforzato.	*sf*	Forcé subitement.
Rinforzando.	rinf.	En renforçant.
Crescendo.	cresc.	En augmentant de force.
Decrescendo.	decresc.	En diminuant de force.
Diminuendo.	dim.	Idem.
Smorzando.	smorz.	En mourant, éteindre.
Morendo.	moren.	Idem.
Legato.	leg.	Lié.
Staccato.	stacc.	Détaché.
Portamento.	portam.	Porté.
Ritardendo.	ritard.	En retardant.
Rallentando.	rall.	En ralentissant.
Ritenuto.	rit.	Retenu.
Accelerando.	accel.	En accélérant.
Stringendo.	string.	En serrant.
A tempo ou Tempo 1o.		Premier mouvement.
Espressivo.	espres.	Expressif.
Leggiero.	legg.	Léger.
Con anima.		Avec âme.
Con spirito.		Avec chaleur.
Con grazia.		Avec grâce.
Con gusto.		Avec goût.
Con delicatezza.		Avec délicatesse.
Con allegrezza.		Avec joie, allégresse.
Con fuoco.		Avec feu.
Calando.		En échauffant l'exécution.
Con calore.		Avec chaleur.
Con forza.		Avec force.
Animato.		Animé.
Ben marcato.		Bien marqué.
Ad libitum.		A volonté.
A piacere.		A plaisir.
Poco a Poco.		Peu à Peu.

DEUXIÈME PARTIE

LEÇONS

Gamme par intervalle de Seconde.

N.º 10.

Gamme par intervalle de Tierce.

N.º 11.

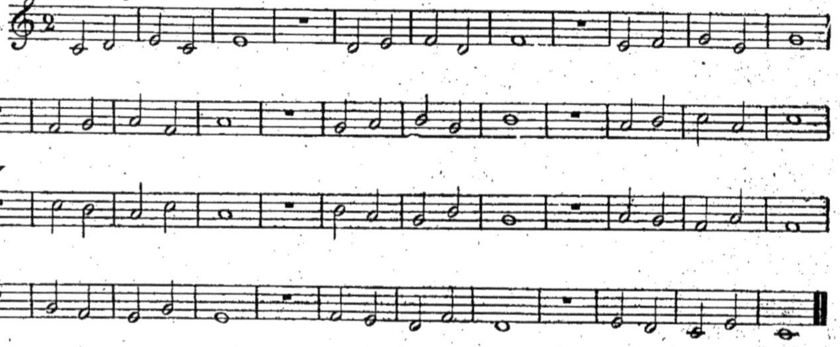

Resumé de la Leçon précédente.

N.º 12.

Gamme par intervalle de Quarte.

N.º 13.

Résumé de la Leçon précédente.
N.° 14.
Gamme par intervalle de Quinte.
N.° 15.
Résumé de la Leçon précédente.
N.° 16.
Gamme par intervalle de Sixte.
N.° 17.
Résumé de la Leçon précédente.
N.° 18.

Gamme par intervalle de Septième.
N.º 19.
Résumé de la Leçon précédente.
N.º 20.
Gamme par intervalle d'Octave
N.º 21.
Résumé de la Leçon précédente.
N.º 22.
Leçon renfermant tous les intervalles.
N.º 23.
Résumé de la Leçon précédente.
N.º 24.

Leçon pour se familiariser avec l'intervalle de Quinte diminuée.
N° 25.
Leçon pour se familiariser avec l'intervalle de Quarte augmentée.
N° 26.
Étendue de la voix naturelle.
N° 27.
Leçon par Tierces de lignes en lignes.
N° 28.
Leçon par Tierces d'espaces en espaces.
N° 29.
Leçon par Tierces, Octaves et Dixièmes.
N° 30.
Leçon par Tierces et Dixièmes ou Octaves de la Tierce.
N° 31.
Première Leçon avec la Basse. — Des Rondes et des Pauses.
N° 32.

Leçon avec des Blanches
33
Leçon avec des Noires.
N° 34
Leçon avec des Croches
N° 35.

Rondes et Blanches
N° 36
Rondes et Noires
N° 37

Rondes et Croches.
N.° 38.
Rondes, Blanches et Noires
N.° 39.

Rondes, Blanches, Noires et Croches.
N.º 40.
Leçon avec une Blanche et quatre Croches
N.º 41.
1.re fois.
2.de fois.
1.re fois.
2.de fois.
Leçon avec une Longue et deux Brèves.
N.º 42.

Réduction de la précédente Leçon en Noires et en Croches.
N°. 43.
Leçon avec deux Brèves et une Longue.
N°. 44.
Réduction de la Leçon précédente
N°. 45.

Leçon pour observer la valeur du point après une Blanche.
FIN
N° 46.
(*)
D.C.
Réduction de la Leçon précédente.
FIN
N° 47.
D.C.
Leçon avec des Noires pointées, des Croches et des Blanches.
N° 48.
FIN
D.C.
(*) Voir pour ce signe page 16 du renvoi

introduction de la Leçon précédente.
FIN.
N.º 49.
Leçon pour observer le premier temps de la mesure.
N.º 50.
La même Leçon réduite en Noires, pour observer le Soupir.
N.º 51.
D.C.

La même Leçon réduite en Croches pour observer le Demi-soupir.
N. 52.
Leçon avec deux Noires entre deux Soupirs.
N.º 53.
Réduction de la Leçon précédente
N.º 54.
Leçon avec des Croches et un Silence au commencement
et à la fin de chaque mesure.
N.º 55.

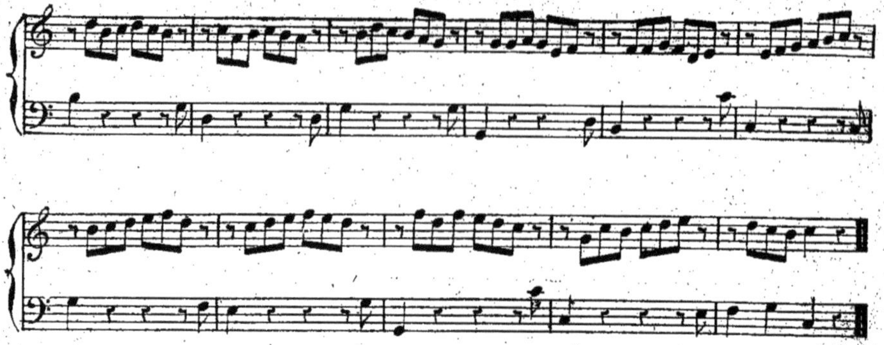

Leçon avec deux Rondes sur le même degré, faisant liaison et syncope.

N°. 56.

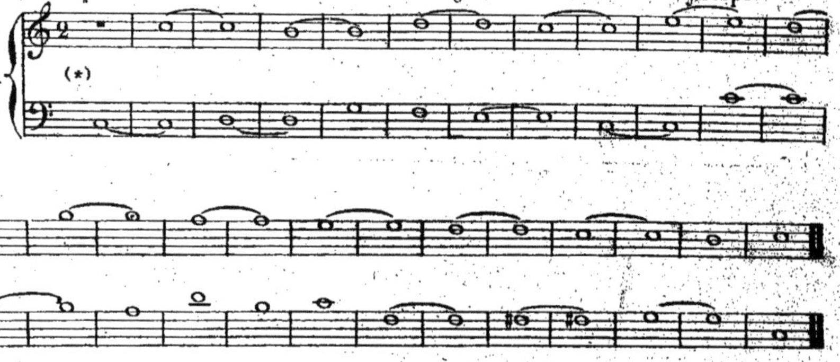

Réduction de la Leçon 56.

N°. 57

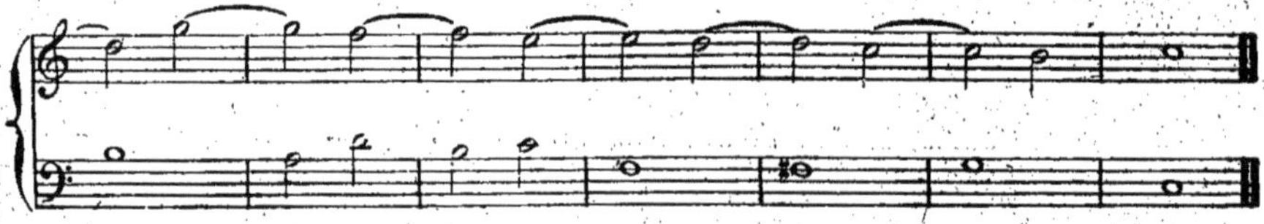

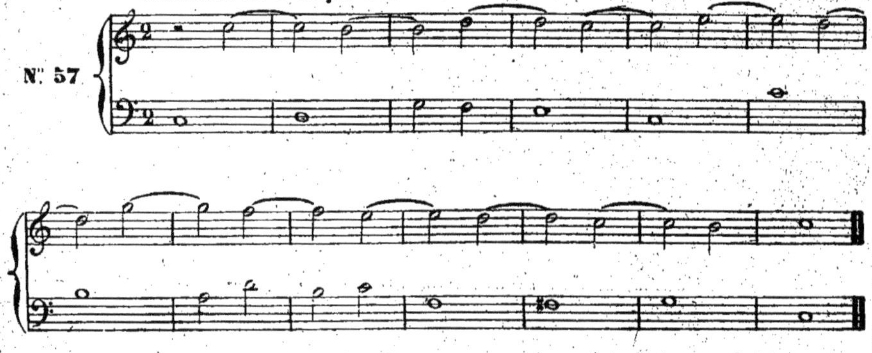

Réduction de la Leçon 57.

N°. 58.

(*) Liaison, voir page 16. 1re colonne, notes liées.

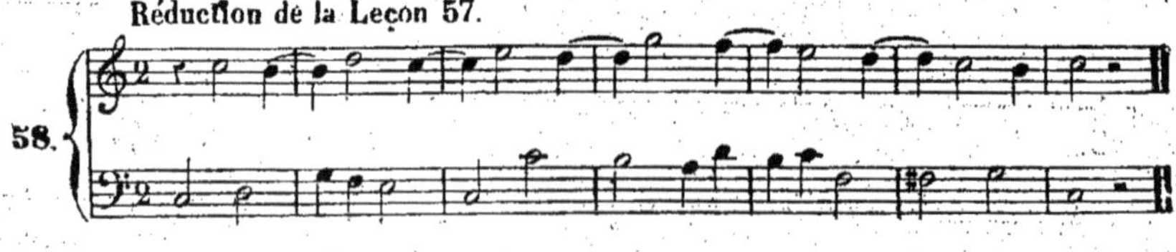

32

Réduction de la Leçon 58.

Nº 59.

Réduction des quatre leçons précédentes

Nº 60

Leçon avec une Blanche, faisant syncope entre deux Noires
MODE de LA mineur

Nº 61

(*)

Résumé de la Leçon précédente

Nº 62

Résumé des Leçons précédentes

Nº 63.

(*) La Syncope est le résultat d'une ou de plusieurs valeurs longues entre deux brèves.

Leçon pour la mesure à Trois temps avec la Blanche pointée.
FIN.
N°. 64.
D.C.
Leçon avec une valeur Longue et une Brève.
N°. 65.
Leçon inverse de la précédente.
N°. 66.
Résumé des deux Leçons précédentes.
N°. 67.

(*) Abréviation du mot VARIATION.

suivez.
FIN.
suivez.
FIN.
suivez.
FIN.
suivez.
FIN.
suivez.
FIN.
suivez.
FIN.
suivez.
FIN.
suivez.
FIN.
suivez.
FIN.
suivez.
FIN.
suivez.
FIN.
suivez.
FIN.
suivez.
FIN.
suivez.
FIN.

Leçon pour apprendre à syncoper deux notes égales
N° 69.
Leçon pour apprendre à syncoper une Longue et une Breve.
N° 70.
Résumé des deux Leçons précédentes.
N° 71.
Fin des Leçons préliminaires.

Gamme par Demi-tons avec des dièses.

N° 72.

Gamme par Demi-tons avec des bémols

N° 72.bis

Gamme résumée des deux précédentes.

N° 72.ter

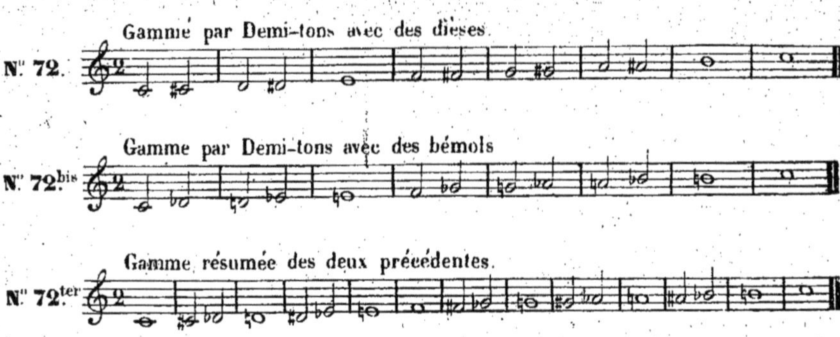

Quoiqu'il y ait une différence sensible entre l'intervalle d'UT naturel à UT dièse et l'intervalle d'UT naturel à RÉ bémol, néanmoins l'on est convenu, pour la facilité de l'intonation, d'identifier, si j'ose le dire, ces deux intervalles, en un mot, n'en faire qu'un. De sorte qu'après avoir fait entendre UT naturel, on peut, en montant d'un demi-ton, dire UT dièse ou RÉ bémol indistinctement. C'est ce qu'on appelle synonyme ou même chose.

Sur l'orgue, le clavecin, le piano-forte, etc., la même touche fait UT dièse RÉ bémol, RÉ dièse et MI bémol.

Leçon pour les notes d'agrément.(*)

N° 73.

(*) Voir page 15.

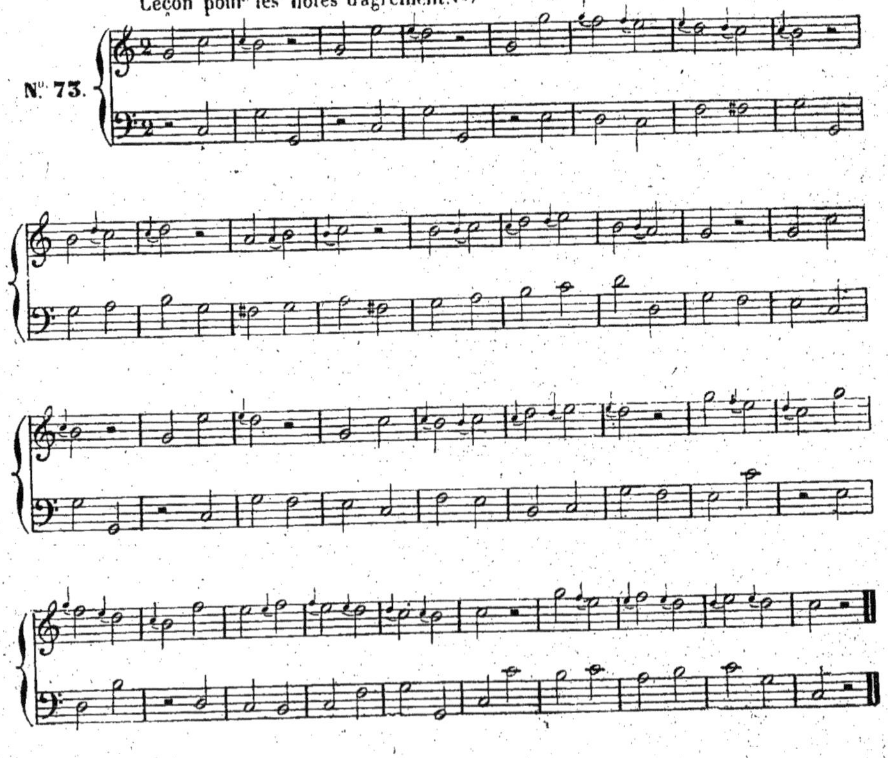

38

N.º 74.

Leçon pour se familiariser avec le premier dièse et le premier bécarre.
N.º 75.

N.º 74.

Allegretto.
Nᵒ 76.
Allegretto.
Nᵒ 77.

Andante

78.

Leçon pour se familiariser avec le Sol dièse accidentel.

N° 79.

Andantino
Nº 80
Andantino
Nº 81
Andantino
Nº 82

Leçon pour se familiariser avec les deux premiers dièses.

Nº 83.

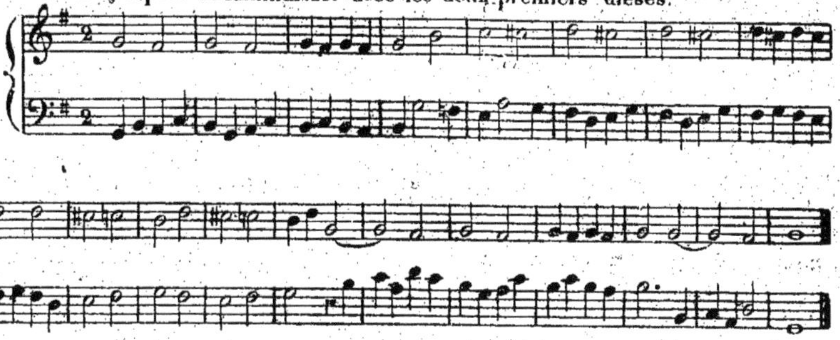

Andante.

Nº 84.

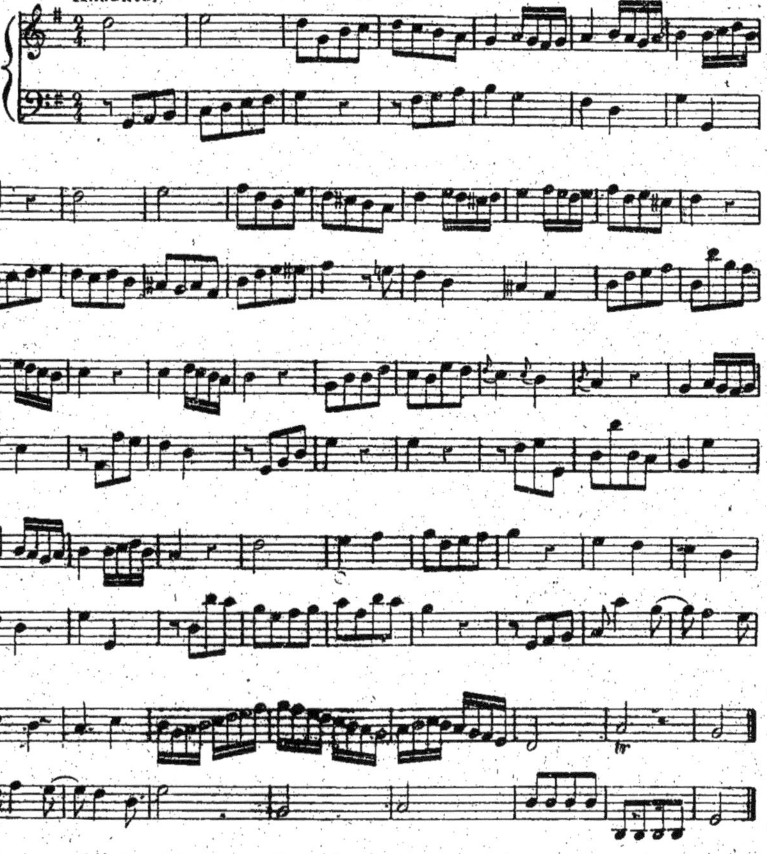

Allegretto.

Nº 85

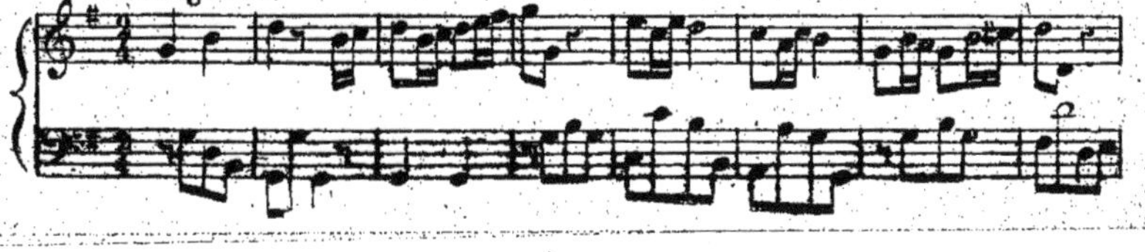

Allegretto.

N.º 86.

44

La même leçon que la précédente mise à six-huit.

Andante.

Nº 89.

Nº 90.

Réduction de la mesure précédente au moyen de la mesure à trois-huit.

Andante.

Nº 91.

Réduction de la leçon précédente au moyen de la mesure à trois-huit.

Leçon pour se familiariser avec le Ré et le La dièses accidentels.

Leçon pour se familiariser avec les deux premiers bémols.

Allegretto
N° 99

Allegro.
Nº 100.

Leçon pour se familiariser avec l'Ut et le Sol dièses accidentels
N.º 101.
Allegretto
N.º 102.

Nº 103.

Leçon pour se familiariser avec l'Ut et le Sol dièses

Nº 104.

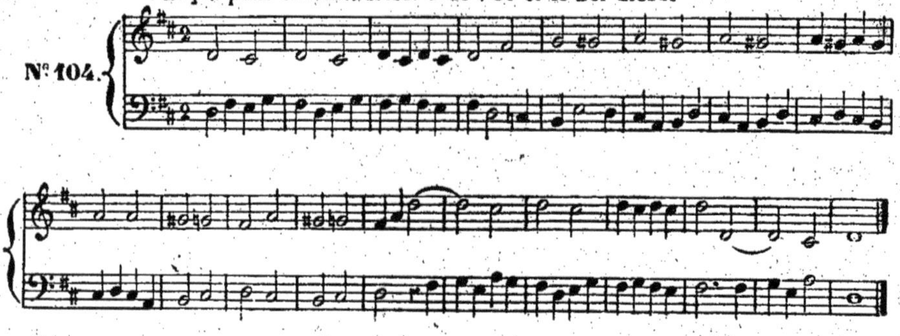

Nº 105. Moderato.

Nº 106. Moderato.

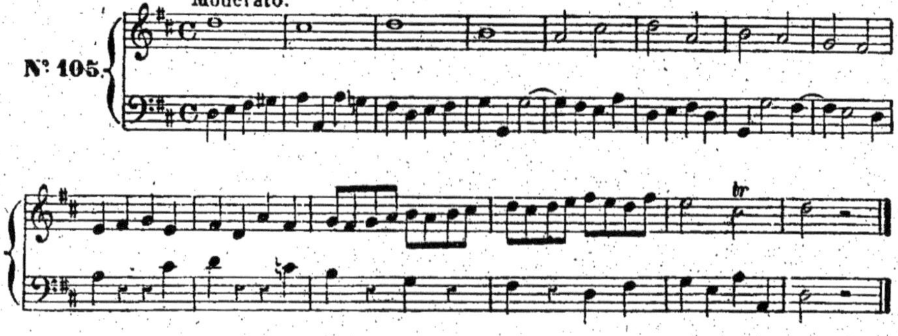

Moderato
N.º 107
Moderato
N.º 108

Andante.
N.º 109.

Andante.
Nº 110
Réduction de la leçon précédente au moyen de la mesure à deux-quatre.
Andante.
Nº 111.
MARCHE.
Nº 112.

Moderato.
N.º 113.
Andantino.
N.º 114.
br

Leçon pour se familiariser avec le La et le Mi dièses accidentels.

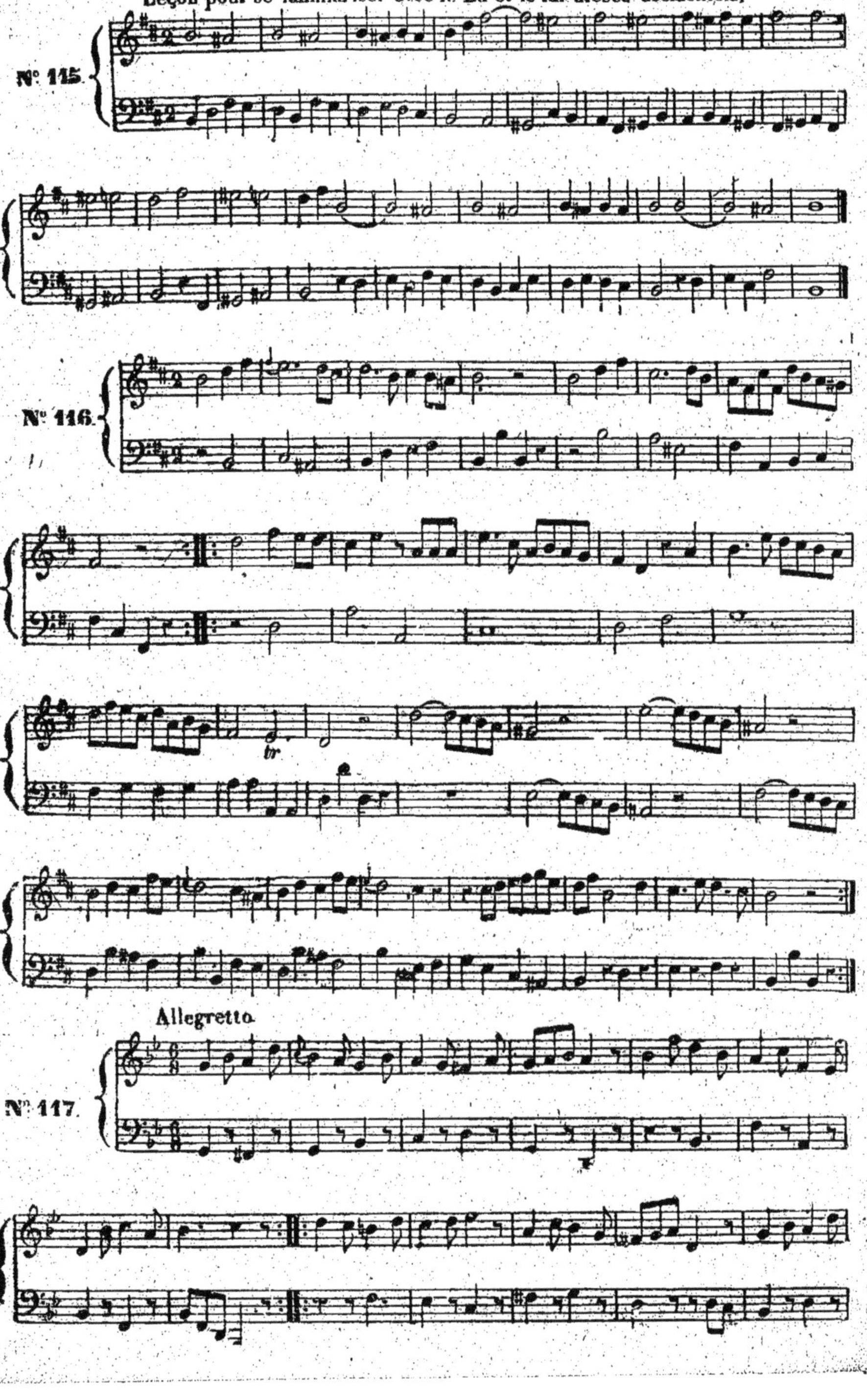

Nᵒ 115.

Nᵒ 116.

Allegretto

Nᵒ 117.

VARIATION.
N.º 118.
Leçon pour se familiariser avec le Mi et le La bémols.
N.º 119

Andantino.
Nº 120.
Moderato.
121.
1re fois.
2me fois.
1re fois.
2me fois.

Andantino.
Nº 122.

Allegretto moderato.
Nº 123.

Solf. Rodolphe.
5

Allegretto.
N.º 124.

Leçon pour se familiariser avec le Fa et l'Ut dièses accidentels.
N.° 125.
Allo moderato.
N.° 126.
tr
1re fois.
2me fois.

Allegro moderato.
N.º 127.

Leçon pour se familiariser avec le Sol et le Ré dièses.

Leçon pour se familiariser avec le Mi et le Si dièses accidentels.

150

151

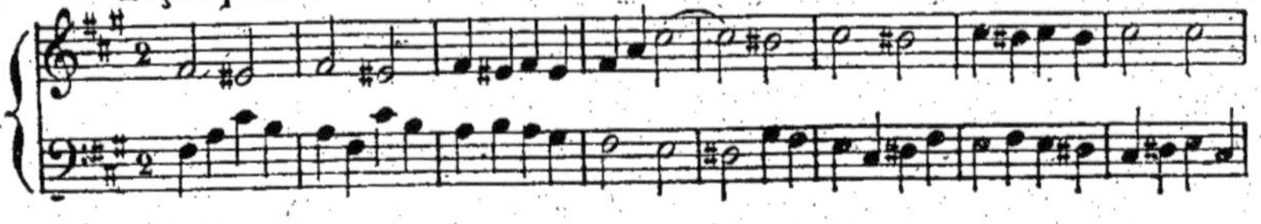

Adagio.

Andantino.
N.º 132
Allegro moderato.
N.º 133.

Allegro moderato.
N.° 134.
Moderato.
N.° 135.

Leçon pour se familiariser avec le La et le Ré bémols.

Moderato
Nº 138

Andantino.
№ 139.

Adagio.
№ 140.

Allegro.

Nº 141.

D.C

D.C

Leçon pour se familiariser avec le premier bécarre accidentel.

N° 142.

80
Allo moderato.
No 143

Leçon pour se familiariser avec le Ré et le La dièses accidentels

Adagio.
№ 146.

Andante.
No 147.

Moderato.
№ 148.

Leçon pour se familiariser avec le Si dièse accidentel et le Fa double-dièse.
№ 149.
Andante.
№ 150.

Andantino.
151
Allo moderato.
152

Leçon pour se familiariser avec le Ré et le Sol bémols
№ 153.

Moderato.
№ 154.
1º   2º
tr
1º   2º
Andante.
№ 155.
tr

Andantino.
Nᵒ 156.

Allegretto
N 157.

Leçon pour se familiariser avec le Mi et le Si bécarres accidentels

Nº 158.

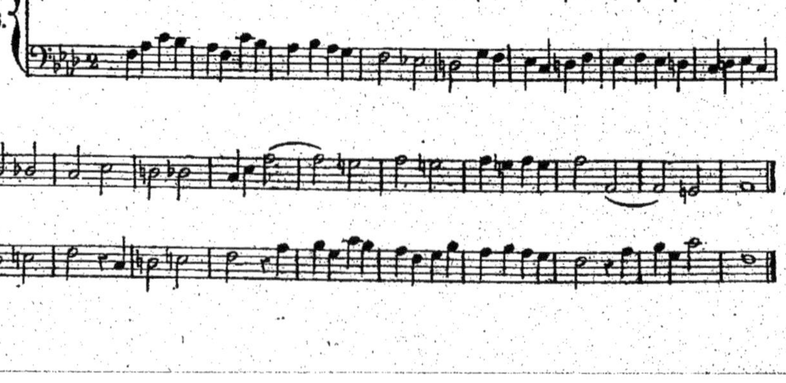

Allo moderato.
N° 159.

Andante
N° 160.
Solf. Rodolphe
7

Leçon pour se familiariser avec le La et le Mi dièses
N 161.
Affettuoso.
N 162.
Allegretto
163.

BIBLIOTHÈQUE NATIONALE

Nº 164.
Moderato.
suivez.
suivez.
suivez.
suivez.
suivez.
Nº 165.
Andante.
suivez.
suivez.
suivez.
suivez.
suivez.
suivez.

suivez.
suivez.
suivez.
suivez.
suivez.
suivez.
suivez.
suivez.
suivez.

Affettuoso.
N° 166.

Leçon pour se familiariser avec le Fa et l'Ut double-dièses.

Leçon pour se familiariser avec le Sol et l'Ut bémols
N° 169

Adagio.
No 170.
Allo moderato.
No 171.

N? 172.
leçon pour se familiariser avec le La et le Mi bécarres accidentels.

Andantino.
N.º 173.
FIN
MAJEUR

Moderato.
Nº 174.

Leçon pour se familiariser avec le Mi et le Fa dièses.

Nº 177.
Allegro moderato.
Nº 178.

Leçon pour se familiariser avec l'Ut et le Fa bémols.
Nº 179.
Andantino.
Nº 180.

Leçon pour se familiariser avec le Ré et le La bécarres accidentels

N° 181.

Moderato.

N° 182.

Moderato.

N.º 183.

N.º 183.

Allegro moderato.
N.º 184.

114
Moderato.
N.º 185.

116
Allegro moderato
N.º 186.
N.º 186.

Allegro moderato.
No. 187.

Allegro moderato.
N.º 188.

Echelle diatonique pour apprendre à connaître
les notes de la clef d'Ut sur la première ligne

Andante
N.º 192
MINEUR
N.º 193
Allegretto
N.º 194

Moderato
N.º 195.
Affettuoso.
N.º 196.

S Amoroso.
Nº 197.
FIN   MAJEUR
S

126
Allegretto
N.° 198.
FIN.
N.° 199.
MINEUR.
FIN.
D.C. au majeur la 2.° fois
Allegretto.
N.° 200.

FIN.
Moderato.
Nº 201

Echelle diatonique pour apprendre à nommer les notes en clef d'ut troisième ligne.

Andantino.
Nº 205
Andantino.
Nº 206

130
Allegro moderato.
N.º 207.
Andante.
N.º 208.

1.ᵉ fois
2.ᵉ fois
Larghetto.
N.º 209.

132
Allegro moderato.
N.º 210.
Echelle diatonique pour apprendre à nommer les notes en clé d'Ut 4.e ligne.
N.º 211.
UT. RÉ. MI. FA. SOL. LA. SI. UT. RÉ. MI. FA SOL
Notes sur les lignes.
RÉ. FA. LA. UT. MI. SOL
Notes entre les lignes.
UT. MI. SOL. SI. RE FA.

133
Nº 212.
Nº 213.
Allegretto.
FIN.
Nº 214.
Andantino.

134
Grazioso
Nº 215.
3   tr
Moderato.
Nº 216.
Andante.
Nº 217.
Grazioso

Allegretto
Nº 218.
Andante
Nº 219.
FIN.

186
Allegro moderato.
N.º 220.

Echelle diatonique pour apprendre à nommer les notes sur la clé de Fa 4e. ligne.
N°. 221.
SOL. LA. SI. UT. RÉ. MI. FA. SOL. LA. SI. UT. RÉ. MI. FA. SOL.
Notes sur les lignes.
SOL. SI. RÉ. FA. LA. UT. MI. SOL.
Notes entre les lignes.
LA. UT. MI. SOL. SI. RÉ. FA.
Leçon pour apprendre à nommer les notes dans les sons graves.
N°. 222.
Leçon pour l'étendue de la voix
N°. 223.
Andante.
N°. 224.

138
Moderato.
N.º 225.
Allegretto.
N.º 226.
fin.

Allegro.
N.º 227.
Moderato.
N.º 228.

Allegro moderato.

Nº 229.

PARIS

IMPRIMERIES CERF

12, RUE SAINTE-ANNE, 12

—

(8-1908)